Approche CMMI pour la conduit de projet

Hind Zahraoui

Approche CMMI pour la conduit de projet

Éditions universitaires européennes

Impressum / Mentions légales
Bibliografische Information der Deutschen Nationalbibliothek: Die Deutsche Nationalbibliothek verzeichnet diese Publikation in der Deutschen Nationalbibliografie; detaillierte bibliografische Daten sind im Internet über http://dnb.d-nb.de abrufbar. Alle in diesem Buch genannten Marken und Produktnamen unterliegen warenzeichen-, marken- oder patentrechtlichem Schutz bzw. sind Warenzeichen oder eingetragene Warenzeichen der jeweiligen Inhaber. Die Wiedergabe von Marken, Produktnamen, Gebrauchsnamen, Handelsnamen, Warenbezeichnungen u.s.w. in diesem Werk berechtigt auch ohne besondere Kennzeichnung nicht zu der Annahme, dass solche Namen im Sinne der Warenzeichen- und Markenschutzgesetzgebung als frei zu betrachten wären und daher von jedermann benutzt werden dürften.

Information bibliographique publiée par la Deutsche Nationalbibliothek: La Deutsche Nationalbibliothek inscrit cette publication à la Deutsche Nationalbibliografie; des données bibliographiques détaillées sont disponibles sur internet à l'adresse http://dnb.d-nb.de.
Toutes marques et noms de produits mentionnés dans ce livre demeurent sous la protection des marques, des marques déposées et des brevets, et sont des marques ou des marques déposées de leurs détenteurs respectifs. L'utilisation des marques, noms de produits, noms communs, noms commerciaux, descriptions de produits, etc, même sans qu'ils soient mentionnés de façon particulière dans ce livre ne signifie en aucune façon que ces noms peuvent être utilisés sans restriction à l'égard de la législation pour la protection des marques et des marques déposées et pourraient donc être utilisés par quiconque.

Coverbild / Photo de couverture: www.ingimage.com

Verlag / Editeur:
Éditions universitaires européennes
ist ein Imprint der / est une marque déposée de
OmniScriptum GmbH & Co. KG
Heinrich-Böcking-Str. 6-8, 66121 Saarbrücken, Deutschland / Allemagne
Email: info@editions-ue.com

Herstellung: siehe letzte Seite /
Impression: voir la dernière page
ISBN: 978-3-8381-8704-4

Copyright / Droit d'auteur © 2014 OmniScriptum GmbH & Co. KG
Alle Rechte vorbehalten. / Tous droits réservés. Saarbrücken 2014

Table des matières

1 Introduction

Les entreprises s'intéressent de plus en plus au développement des nouveaux **outils** et **modèles** pour mieux **piloter** leurs **projets** afin d'**augmenter** la probabilité du **succès** et la **performance** globale de l'entreprise. Cependant, pour améliorer le pilotage de projet, il est important de considérer que **l'accomplissement des objectifs est lié au niveau de maturité acquis par le projet.**

La mesure de la maturité permet de montrer l'état atteint par rapport à l'état dans lequel le projet devrait être (Modèle de maturité) Maturité d'un projet est liée à:

- La réussite des jalons fixés

- L'individualisation des indicateurs de maturité au niveau de chaque projet

- La capacité à anticiper

- La stabilité de l'estimation du coût à terminaison

- La cohérence du planning /état d'avancement

- La maturité de l'équipe projet (leadership)

- La maîtrise des risques QCD du projet ...

Quelques définitions de « maturité »:

- Etape dans laquelle se trouve un organisme qui a atteint son plein développement [Wikipedia, 2006]

- En pleine maturité ou parfait. [Cooke-Davies, 2004]

- Développement des systèmes et des processus répétitifs qui représentent une haute probabilité de succès d'un projet. [Kerzner, 2000]

- Qualité ou l'état de devenir mûr. [Andersen et al. 2003]

De nombreux modèles de maturité existent:

- Capability Maturity Model Integration (CMMI) [CMMI Product Team, 2002]

- PRINCE2 Maturity Model (P2MM) dérivé du OGC Portfolio,

- Programme and Project Management Maturity Model (P3M3) [Office of Government Commerce, 2006]

- Berkeley PM Process Maturity Model [Ibbs et al.1997]

- PM Solutions Project Management Maturity Model [Crawford, 2001]

- Project Management Maturity Model [Kerzner 2000]

- Organizational Project Management Maturity Model (OPM3) [PMI, 2005]

1.1 Documents de référence

- CMMI pour le développement (CMMI-DEV), version 1.3, Equipe produit CMMI, Software Engineering Institut, Carnegie Mellon University, Novembre 2010. [CMMI DEV v 1-3 French.pdf]

- CMMI par l'exemple, Pour une mise en place opérationnelle, F. DUFAY, éditions Eyrolles, 2010.

4

2 Définition du modèle CMMI

Le CMMI, pour *Capability Maturity Model Integration* (Modèle intégré du niveau de maturité), est une extension de la spécification CMM première, créée pour le ministère de la Défense américain en 1989 afin de déterminer si un projet interne ou tiers serait terminé dans les temps, selon le budget et les spécifications. CMMI étend CMM en y intégrant les avancées d'autres spécifications proches, et établies entre-temps pour pallier les manques de CMM.

CMMI est donc avant tout un référentiel d'évaluation de la capacité à gérer et terminer un projet correctement, proposant nombre de bonnes pratiques liées à la gestion, au développement et à la maintenance d'applications et de systèmes. Ces bonnes pratiques sont regroupées en 24 processus, eux-mêmes regroupés en 4 grandes catégories (gestion de projet, organisation, ingénierie et support) et 5 niveaux de maturité.

3 Historiques du CMMI

Dans les années 1970, le ministère de la Défense américaine (*Department of Defense* ou DoD) avait constaté une dérive importante dans les développements logiciels, qui atteignaient les 30 milliards de dollars annuels. Après le premier choc pétrolier, il avait lancé une étude qui a révélé que sur l'ensemble des contrats passés avec les entreprises américaines :

- 60 % étaient abandonnés en cours de développement, soit par le fournisseur parce que sa solution était irréalisable, soit par le DoD parce que le besoin avait évolué ;

- 30 % des logiciels réalisés ne passaient pas l'acceptation, car certaines exigences spécifiées n'étaient pas satisfaites par la solution proposée ;

- 10 % des logiciels entraient en exploitation, et seuls moins de 5 % étaient réellement utilisés au bout d'un an, les autres étant rapidement abandonnés.

Devant un tel gaspillage d'argent, le DoD a aussitôt lancé des études pour remédier à cette gabegie. La norme DOD-STD-2167 (*Department of Defense Standard* 2167), intitulée « *Defense Systems Software Development* », a été publiée en juin 1985 à cette fin, et la version A, plus connue, est sortie en février 1988. Cette norme avait pour mérite d'imposer une méthodologie et la rédaction de certains documents sous une certaine forme – le plan de développement (SDP), les spécifications (SSS, SRS), etc. – et d'effectuer certaines revues tout au long du cycle de vie (SRR, SDR, SSR, PDR, CDR, etc.).

En même temps, vers 1984, le DoD a créé le SEI (*Software Engineering Institute*), centre de recherche rattaché à l'université Carnegie Mellon aux États-Unis, avec pour mission de réfléchir à une méthode pour sélectionner ses fournisseurs sur leur aptitude à satisfaire ses besoins en logiciels dans les programmes d'armement.

La solution proposée a été baptisée CMM (*Capability Maturity Model*). Une première version complète du CMM a été définie en 1989 (elle avait pour objet l'amélioration du processus de développement logiciel) et revue en 1991. Une version 1.1 sortait en mars 1993 apportant quelques améliorations.

Après un premier succès auprès de certaines entreprises, cette démarche a été étendue à l'ingénierie système, les achats, la gestion des ressources humaines, la conduite d'affaires et aussi le développement de matériels.

Ainsi en 2001 naissait le CMMI® (*Capability Maturity Model Integration*), établissant la fusion des différents modèles issus du CMM, et se mettant en cohérence avec la norme ISO 9001 version 2000. En mars 2002 sortait la version 1.1 puis en août 2006, la version 1.2, chacune bénéficiant du retour d'expérience de la version précédente.

4 Objectifs du CMMI®

L'axiome à la base du CMMI® est, comme on peut le lire sur le site du SEI (www.sei.cmu.edu/cmmi) : « *The quality of a system is highly influenced by the quality of the process used to acquire, develop, and maintain it* ».

Autrement dit : la qualité d'un système est fortement influencée par la qualité du processus utilisé pour l'obtenir, le développer et le maintenir. Certes ! Cet axiome, associé au cycle d'amélioration de Shewart Deming, devait devenir la base du CMM pour évaluer les capacités des entreprises sous-traitantes du DoD. Quel était le problème ? Les développements devenant de plus en plus complexes, la maîtrise des exigences, des coûts et des délais s'avérait de plus en plus hasardeuse. Les écarts devenaient la règle :

- Les engagements étaient largement non tenus :

    - livraisons en retard ;

    - problèmes découverts à la dernière minute ;

- dépassements systématiques des coûts.

- Le manque de visibilité sur l'avancement était total : surprise permanente à chaque réunion d'avancement.

- Les problèmes de qualité étaient récurrents :

  - beaucoup de travail à refaire ;

  - Réclamations clients fréquentes.

Le but du CMMI® est donc de **fournir un cadre pour l'évaluation et l'amélioration des processus** en vue de corriger les écarts mentionnés ci-avant. Il est basé sur un modèle de maturité.

Pour bien comprendre comment le CMMI® a été établi, on peut imaginer que le SEI a demandé à la communauté internationale de se mettre autour d'une grande table et d'énoncer les règles qui, selon les experts, permettaient d'atteindre la qualité en respectant les coûts et les délais de leurs réalisations.

Ces règles, que l'on a appelées « bonnes pratiques pour réussir », ont été ensuite regroupées par thème, ou type d'activités. Les experts, qui en ont identifié pas moins de 22 différents, les ont appelés secteurs de processus (*process area*). Ces types d'activités ont été ensuite classés en 4 niveaux de difficulté plus un supplémentaire pour le niveau initial. Enfin, les pratiques pouvant varier d'une entreprise à une autre, les experts en ont extrait la quintessence qui correspondait aux objectifs (*goals*) à atteindre impérativement.

Ainsi le modèle de maturité CMMI® définit les critères permettant d'évaluer la performance des pratiques d'une entreprise, et, indirectement, une méthode pour progresser. Le modèle est structuré en 5 niveaux, partant de 1, le niveau de départ pour tous, et allant jusqu'à 5, le niveau de perfection.

À un niveau donné, l'entreprise est censée maîtriser tous les types d'activités de ce niveau, y compris ceux des niveaux inférieurs, bien évidemment. Chaque type d'activités définit les objectifs à atteindre impérativement et des pratiques reconnues efficaces pour les atteindre. Ces pratiques ne sont que recommandées, c'est-à-dire que l'entreprise peut librement en appliquer d'autres, à condition que les objectifs soient néanmoins atteints.

La maturité d'une entreprise est donc évaluée par un niveau qui va de 1 à 5 dans le modèle CMMI®.

5 Représentation du modèle CMMI

Le modèle CMMI s'articule autour d'un certain nombre de secteurs clés (25 au total dans sa version complète, mais il existe des modèles allégés pour des applications à des domaines particuliers), auxquels sont associés des objectifs et des pratiques. On distingue des objectifs génériques et des objectifs spécifiques, selon qu'ils sont partagés par tous les secteurs clés ou qu'ils sont spécifiques à un secteur en particulier. Idem pour les pratiques.

Deux modes de représentation du modèle coexistent, correspondant à deux points de vue légèrement différents: la représentation continue (continuous) et la représentation étagée (staged). Les deux s'appuient sur les mêmes secteurs clés, mais ceux-ci sont utilisés différemment.

5.1 La représentation continue

Dans cette représentation, les processus clés sous regroupés en 4 catégories. A chaque processus clé est associé un niveau d'aptitude allant de 0 à 3. Il est donc possible de définir le niveau d'aptitude pour un processus clé donné. D'un processus clé à un autre les niveaux d'aptitude peuvent être différents, ce qui permet de distinguer les points forts des points faibles. Cette représentation est plutôt répandue dans les organisations où l'importance du processus clé est largement prédominante (exemple : la sécurité dans l'informatique bancaire ou l'aérospatial).

5.1.1 Niveaux d'aptitude

Les quatre niveaux d'aptitude, qui représentent chacun une couche des fondations de l'amélioration continue des processus sont :

- 0. Incomplet.

- 1. Basique.

- 2. Discipliné.

- 3. Ajusté.

Un niveau d'aptitude et atteint lorsque tous les objectifs génériques sont atteints jusqu'à ce niveau.

Le fait que les niveaux d'aptitude 2 à 3 emploient les mêmes termes que pour les objectifs génériques 2 à 3 est intentionnel. En effet, chacun de ces objectifs et pratiques génériques reflète la signification des niveaux d'aptitude de ces objectifs et de ces pratiques. Nous allons maintenant décrire succinctement chaque niveau d'aptitude.

- **Niveau d'aptitude 0 : Incomplet**

  Un processus incomplet est un processus qui n'est pas réalisé ou qui ne l'est que partiellement. Un ou plusieurs objectifs spécifiques du domaine de processus ne sont pas satisfaits et il n'existe pas d'objectif générique pour ce niveau puisqu'il n'y a aucune raison d'institutionnaliser un processus partiellement réalisé.

- **Niveau d'aptitude 1 : Basique**

  Un processus du niveau d'aptitude 1 est qualifié de processus basique. Un processus basique est un processus qui accomplit le travail nécessaire pour générer des produits d'activité. Les objectifs spécifiques du domaine de processus sont satisfaits.

Bien que le niveau d'aptitude 1 ait comme conséquence des améliorations importantes, celles-ci peuvent disparaître avec le temps si elles ne sont pas institutionnalisées. L'institutionnalisation (les pratiques génériques des niveaux d'aptitude 2 à 3) permet de s'assurer que les améliorations sont maintenues.

- **Niveau d'aptitude 2 : Discipliné**

  Un processus du niveau d'aptitude 2 est un processus discipliné. Un processus discipliné est un processus basique qui est planifié et exécuté conformément à des règles. Il s'appuie sur un personnel compétent qui dispose des ressources adéquates pour produire des sorties contrôlées. Il implique les parties prenantes concernées. Il est surveillé, contrôlé, révisé et évalué pour son respect de la description de processus.

La discipline reflétée par le niveau d'aptitude 2 permet de s'assurer que les pratiques existantes sont maintenues pendant les périodes tendues.

- **Niveau d'aptitude 3 : Ajusté**

  Un processus du niveau d'aptitude 3 est appelé processus ajusté. Un processus ajusté est un processus discipliné qui respecte l'ensemble des processus organisationnels standards conformément aux directives d'ajustement de l'organisation.

  Il possède une description de processus maintenue et contribue aux expériences de processus liées aux actifs de processus organisationnels.

  La distinction capitale entre les niveaux d'aptitude 2 et 3 porte sur l'étendue des normes, des descriptions de processus et des procédures. Au niveau d'aptitude 2, ces normes, descriptions et procédures peuvent être très différentes pour chaque instance du processus (par exemple pour un projet particulier).

  Au niveau 3, les normes, descriptions et procédures sont ajustées à partir de l'ensemble des processus organisationnels standards pour répondre aux besoins d'un projet particulier ou d'une unité organisationnelle donnée.

5.2 La représentation étagée

C'est la représentation la plus courante.

Dans cette représentation, c'est un niveau global de maturité qui va être défini et non un niveau par processus clé. A chaque niveau de maturité correspondent des processus clés et des pratiques auxquels doit répondre l'organisation au niveau visé.

5.2.1 Niveaux de maturité

- **Niveau 1 : Initial**

  Toute organisation a par défaut le niveau 1.

  La gestion des projets n'est pas définie au sein de l'organisation. L'efficacité repose sur les compétences et la motivation des individus. Aucun contrôle n'est opéré.

Le projet peut aboutir mais avec dépassement des coûts et des délais. Les facteurs de réussite ne sont pas identifiés, et le projet ne se construit pas sur les expériences passées

- **Niveau 2 : Géré**

  La gestion de projet est définie au niveau de l'organisation, et appliquée par défaut sur tous les projets. L'ensemble des projets répond aux objectifs du modèle CMMI de niveau 2 avec les processus proposés par l'organisation, ou à défaut avec des processus définis au niveau du projet.

  Le projet se construit sur ce qui a été fait précédemment grâce à une meilleure discipline. Les réussites sont répétables.

- **Niveau 3 : Défini**

Les processus de pilotage des projets sont étendus à l'ensemble de l'organisation par l'intermédiaire de normes, procédures, outils et méthodes définis également au niveau de l'organisation. L'ensemble de l'organisation dispose d'une discipline appliquée de manière cohérente. L'organisation surveille et gère l'amélioration de ces processus.

- **Niveau 4 : Géré quantitativement**

La réussite des projets est quantifiée. Les causes d'écart peuvent être analysées. Les performances des processus sont prévisibles en quantité comme en qualité.

- **Niveau 5 : Optimisé**

Amélioration continue des processus de manière incrémentale et innovante. Les évolutions sont anticipées. Les processus sont sans cesse remis en question afin de rester en adéquation avec les objectifs.

Idéalement, un projet est supposé monter de niveau au fur et à mesure du temps. Plus le niveau est grand, moins il y a de risques et meilleure est la performance du projet.

5.3 Choisir une représentation

Les deux représentations permettent d'aborder le problème de l'amélioration des processus au sein d'une organisation sous deux angles différents. La première représentation, continue, donne une grande liberté dans le choix des secteurs clés à améliorer en priorité, puisque ce choix n'est nullement contraint. Il permet également une finesse dans l'analyse,

14

chaque secteur clé étant à tout moment évalué. Mais le risque existe pour l'organisation de se trouver face à un chantier trop important, sans savoir par quel bout l'entamer. De plus, la détermination des niveaux de capacité pour chaque secteur peut se révéler trop subjectif.

La seconde représentation, étagée, laisse moins de liberté et donne moins de détails sur l'organisation, puisque seul un niveau global de maturité est déterminé. Mais elle fournit un guide appréciable pour la conduite de l'amélioration en imposant l'ordre des secteurs à améliorer. Elle est en outre plus facile à mettre en œuvre: pour chaque secteur clé, il s'agit simplement de savoir s'il est validé ou pas.

La représentation continue sera ainsi plus adaptée aux petites structures, dont on maîtrise les moindres rouages, et pour lesquelles le risque de se perdre dans les détails est relativement faible; la représentation étagée sera plus adaptée aux grosses structures, auxquelles elle fournira des règles solides et une vue synthétique.

Reste qu'il est possible de passer sans difficulté de la représentation continue à la représentation étagée: il suffit de prendre tous les secteurs clés d'un niveau de maturité donné; pour chacun d'entre eux, on pourra déduire de son niveau de capacité s'il est validé ou pas.

6 Les objectifs et pratiques

6.1 Les objectifs et pratiques génériques

Un objectif est qualifié de « générique » parce que son énoncé s'applique à plusieurs domaines de processus. Un objectif générique décrit les caractéristiques qui doivent être présentes pour institutionnaliser les processus mis en œuvre dans un domaine de processus. C'est un composant requis employé dans les évaluations pour déterminer si un domaine de processus est satisfait.

Le modèle CMMi fournit 5 objectifs génériques (GG). Ces objectifs génériques sont découpés en plusieurs pratiques génériques (GP). Ces objectifs génériques (et les pratiques associées) s'appliquent à tous les domaines de processus (PA).

Comprenez que si vous souhaitez aller vers le niveau 2 de CMMi il vous faudra appliquer tous les objectifs génériques de GG1 à GG2 et les pratiques génériques GP1.1, GP2.1, GP2.2, GP2.3, GP 2.4, GP2.5, GP2.6, GP 2.7, GP 2.8, GP2.9, GP 2.10. Si vous souhaitez adresser le niveau 5 de CMMi il vous faudra appliquer tous les objectifs génériques de GG1 à GG5 ainsi que toutes les pratiques génériques.

6.2 Les objectifs et pratiques spécifiques

En complément des objectifs génériques qui s'appliquent à tous les domaines de processus, le modèle CMMi fournit des objectifs spécifiques et des pratiques spécifiques à un domaine de processus.

Ces objectifs et pratiques spécifiques ne s'appliquent qu'au domaine de processus auquel elles sont associées.

Un objectif spécifique décrit les caractéristiques uniques qui doivent être présentes pour satisfaire au domaine de processus. Un objectif spécifique est un composant requis, employé dans les évaluations pour aider à déterminer si le domaine de processus est satisfait.

Par exemple, « L'intégrité des référentiels est établie et maintenue » est un objectif spécifique du domaine de processus Gestion de configuration.

Seul l'énoncé de l'objectif spécifique est un composant de modèle requis.

Le titre d'un objectif spécifique (précédé du numéro d'objectif) et les notes liées à l'objectif sont considérés comme des composants informatifs.

6.3 Les composants de domaine de processus

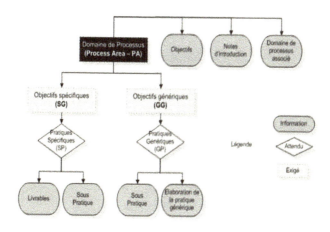

6.4 Répartition des processus par niveaux

Représentation schématique :

- Des niveaux CMMI

- Des domaines de processus par niveaux

- Des activités et domaines de processus les constituants

7 Description des domaines dans la catégorie Gestion de projet

7.1 Planification du projet

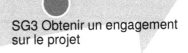

SG3 Obtenir un engagement
sur le projet

SG2 Développer un
plan de projet

SG1 Établir les
estimations du projet

7.1.1 SG1 Établir les estimations du projet

Il s'agit de définir tous les éléments nécessaires à la détermination aussi précise soient elles des charges et des couts du projet. A cette fin un certain nombre de pratiques spécifiques sont exigées par CMMI, celles-ci sont présentées ci-dessous.

- **SP1.1 Estimer le périmètre du projet**

18

Contrairement à l'intitulé de la pratique il s'agit là de réaliser le WBS et de découper de manière aussi fine que possible le projet. En effet plus l'équipe projet aura une vue précise des lots, taches, plus la planification, la charge et le cout seront estimés précisément.

- **SP1.2 Établir les estimations des produits et des attributs de taches**

  Si l'on place du point de vue de CMMI lequel amène à baser les pratiques d'une organisation sur la base de ses expérimentations passées cette pratique prend tout son sens et son objet est véritablement de décrire les composantes du projet et leurs variables afin d'estimer au plus juste sa charge et son cout.

- **SP1.3 Définir le cycle de vie du projet**

  Il s'agit de déterminer des phases préétablies dérivants les activités, les livrables qui devront être réalisés dans le projet.

- **SP1.4 Estimer le cout et la charge du projet**

  Il s'agit là de déterminer précisément la charge et le cout, en liant la charge au cout.

  Ce qui est important de saisir dans cette pratique c'est la nécessité de justifier précisément la méthode d'évaluation et de la charge et des couts. Notez que ces données pourront et devront être utilisées pour un projet ultérieur.

7.1.2 SG2 Développer un plan de projet

- **SP2.1 Établir le budget et la planification du projet**

  Il s'agit là de définir dans quel planning le projet sera réalisé, et à quels moments du planning le budget sera exécuté.

- **SP2.2 Identifier les risques**

  Il s'agit d'identifier et surveiller les risques qui pourraient impacter le projet quant à sa réalisation.

- **SP2.3 Planifier la gestion des données**

  A ce stade du déploiement il faut pouvoir identifier tous les documents qui participent à la réalisation et au suivi de projet. Communément appelé "dossier de projet" ce document doit lister tous les éléments d'entrée et de sortie, les schémas, bref tout ce qui touche au projet et qui apporte de l'information dans sa réalisation ou dans sa conception.

- **SP2.4 Planifier les ressources du projet**

  Les ressources doivent être déterminées pour le projet, c'est l'objet de cette pratique spécifique de CMMI. Il s'agit de toutes les ressources, matérielles, logicielles, etc. à l'exception des ressources humaines.

- **SP2.5 Planifier les compétences et connaissances nécessaires**

  Le chef de projet doit s'assurer que toutes les composantes du projet futur seront à même de trouver compétences et connaissances dans l'équipe projet. Dans le cas contraire des actions de formations doivent être planifiées et réalisées.

- **SP2.6 Planifier l'implication des parties prenantes**

  L'exécution du projet nécessite lors de ses différentes phases des validations, des réunions, des développements. Le SP2.6 a pour objectif de lister les parties prenantes dans leur ensemble et de définir quand et comment elles interviendront dans le projet, il s'agit donc des équipes autres que l'équipe projet.

- **SP2.7 Établir le plan de projet**

  C'est la conséquence de toutes les étapes décrites précédemment. Elle vise à centraliser l'ensemble des documents du projet quelle que soit sa forme. Ce document sera la base de travail des équipes aussi il faut qu'il contienne le calendrier (planification), le WBS, le Gant, le tableau de responsabilités, le tableau des configurations, etc.

7.1.3 SG3 Obtenir un engagement sur le projet

Une fois le plan de projet réalisé il est nécessaire d'obtenir un engagement écrit de l'équipe projet ou du chef de projet qui la représente.

- **SP3.1 Revoir les plans qui impactent le projet**

  Le projet peut être impacté par un certain nombre de facteurs parfois internes au projet, parfois externes tel que l'absence d'une ressource (développement) au moment de la réalisation d'une tache. L'objectif de SP3.1 est donc d'identifier tous les plans qui peuvent avoir un impact sur le projet.

- **SP3.2 Réconcilier les ressources et les charges**

    Il s'agit là de s'assurer que les charges planifiées sont équilibrées avec les ressources disponibles. En effet il se peut et c'est souvent le cas qu'une ressource soit sur-utilisée ou sur-affectée et qu'elle ne puisse être disponible conformément au plan. C'est pour éviter cet écueil qu'il vous faut réaliser SP3.2.

- **SP3.3 Obtenir l'engagement sur le plan de projet**

    Une fois que toutes les pratiques ont été validées, le SP3.1 est une formalité, c'est l'engagement formel du chef de projet par rapport au projet.

7.2 Surveillance et contrôle du projet

7.2.1 SG1 Surveiller le projet par rapport au plan

Le chef de projet doit s'assurer que le projet se déroule conformément au plan de projet.

- **SP1.1 Surveiller les paramètres de planification du projet**

    C'est l'essence même du métier de chef de projet. S'assurer via des indicateurs ou un tableau de bord que la planification initiale est tenue.

- **SP1.2 Surveiller les engagements**

Il s'agit de pouvoir apporter la preuve que tous les engagements pris sont tenus.

- **SP1.3 Surveiller les risques**

  Les risques identifiés lors de la planification de projet en SP2.2, doivent être revus périodiquement. Au fur et à mesure de l'avancement du projet les risques peuvent évoluer ou de nouveaux peuvent apparaitre, il est nécessaire de tous les évaluer.

- **SP1.4 Surveiller la gestion des données**

  Les données établies au préalable doivent être surveillée et être présentes dans les documents de suivi de projet adéquats

- **SP1.5 Surveiller l'implication des parties prenantes**

  Une fois encore en amont du projet des parties prenantes ont été identifiées, ainsi que leur rôle dans le projet l'objet de cette pratique est de vérifier, et de remédier le cas échéant aux manquements détectés.

- **SP1.6 Réaliser des revues de progrès**

  Le chef de projet doit assurer un suivi périodique du projet, ces revues peuvent prendre toutes les formes souhaitées, mais quoi qu'il en soit il est nécessaire de revoir et statuer sur le projet avec l'équipe projet.

- **SP1.7 Revoir les jalons**

Enfin il s'agit en SP1.7 de passer en revue les réalisations du projet à des jalons prédéterminés en amont.

7.2.2 SG2 Gérer et clôturer les actions correctives

Il s'agit de traiter la cause des écarts, dons de mettre systématiquement en place une action corrigeant cet écart.

- **SP2.1 Analyser les écarts**

  Lorsqu'un écart est constaté il est important de le consigner ainsi que les éléments, le contexte dans lequel l'écart est intervenu. Un tableur fera amplement l'affaire.

- **SP2.2 Mettre en œuvre les actions correctives**

  Une fois l'écart identifié et analysé, il faut mettre en œuvre l'action qui permet d'éradiquer durablement l'écart.

- **SP2.3 Suivre et clôturer les actions correctives**

  L'action corrective peut être clôturée lorsque la preuve que l'écart ne peut pas se reproduire est faite. Il faut donc valider le résultat de l'action avant de prononcer sa clôture.

7.3 Gestion des contrats fournisseurs

Mettre en œuvre les moyens d'assurer la Qualité de Service livrée par les fournisseurs au travers de contrats.

7.3.1 SG1 Établir des contrats avec les fournisseurs

La notion de contrat fait référence à l'engagement ou à l'accord. Il se peut que la prestation (de produit ou de service) puisse être réalisée en dehors du formalisme d'un contrat, toutefois il est nécessaire de formaliser les engagements des deux parties, afin que lors de l'exécution de la prestation, fournisseur et client puisse exercer leur prérogatives telles qu'engagées et sans surprises.

- **SP1.1 Déterminer le type d'acquisition**

  Il faut ici motiver le choix du recours à l'acquisition via un fournisseur, pour quelles raisons fait-on appel à celui-ci par manque de compétence, etc.

- **SP1.2 Choisir les fournisseurs**

  Il s'agit à présent de définir des critères d'évaluation et homologation de vos fournisseurs. Ainsi lors de l'émission d'un cahier des charges, les propositions qui vous seront faites permettront d'éluder certains fournisseurs et de retenir ceux qui correspondent à vos critères de travail. Les orientations données à votre cahier des charges vous permettrons de prendre une décision quant au choix du prestataire approprié.

- **SP1.3 Établir les contrats**

  Reprenez toutes les exigences formulées dans le cadre de votre appel d'offre, toutes ces exigences sont l'objet même du contrat et son exécution doit aboutir au résultat escompté.

7.3.2 SG2 Se conformer au contrat

- **SP2.1 Se conformer au contrat fournisseur**

  S'assurer que les dispositions de contrôle de l'activité du fournisseur sont en œuvre, afin d'évaluer efficacement le déroulement de la prestation.

- **SP2.2 Surveiller les processus du fournisseur**

Encore une fois il s'agit d'évaluer l'organisation du fournisseur et sa capacité à fournir des produits/services conformes à vos attentes. Une méthode peut consister à disposer des jalons et à contrôler, comme vous le faites avec CMMI, le respect de son plan de projet.

- **SP2.3 Évaluer le produit du fournisseur**

  Avant réception du produit/service commandé, exigez un POC (Proof Of Concept), un pilote, une démonstration, ou encore une bêta.

- **SP2.4 Accepter le produit**

  C'est une recette, une VABF (Vérification d'Aptitude Au Bon Fonctionnement), tout moyen qui vous permet d'accepter le produit/service livré.

- **SP2.5 Assurer la transition des produits**

  Vous avez commandé et accepté le produit/service, il s'agit maintenant de vous assurer que son intégration dans votre projet se fera efficacement. Pour cela il faut vous assurer que vous possédez les compétences nécessaires pour son intégration, pour son déploiement ou encore son utilisation.

7.4 Gestion des risques (RSKM)

7.4.1 SG1 Préparer la gestion des risques

Si la gestion des risques est habituellement traitée en début de projet cette pratique spécifique vis à renforcer cette activité dont l'objectif est je le rappelle d'identifier, analyser et éradiquer les risques.

- **SP1.1 Déterminer l'origine des risques et les catégoriser**

  La préparation de la gestion des risques nécessite en amont de sa réalisation un certain nombre de pistes d'analyses lesquelles permettront à toutes les parties prenantes de gérer ces risques. A ce titre la pratique SP1.1 nécessite de documenter les sources potentielles de risques issues de la veille ou du retour sur expérience interne.

  Par ailleurs selon leur origine et leur impact potentiel ces risques doivent être classifiés ou plutôt catégorisés.

- **SP1.2 Définir les paramètres des risques**

  Les critères d'analyse et de catégorisation des risques.

  Il s'agit là de définir pour chaque incident :

  •La probabilité

  •La criticité

  •L'impact

- **SP1.3 Établir une stratégie de gestion des risques**

  Toute la stratégie de gestion des risques doit être préétablie. A commencer par qui la prendra en charge, sous quelle organisation, a quelle fréquence, quels seront les moyens alloués, etc.

7.4.2 SG2 Identifier et analyser les risques

Pour chacun des projets les risques potentiels doivent être identifiés. Les résultats de cette identification doit faire l'objet d'une analyse poussée.

- **SP2.1 Identifier les risques**

  Les risques doivent être identifiés puis documentés.

- **SP2.2 Évaluer, catégoriser et "prioriser" les risques**

  Une fois documentée les risques sont évalués, catégorisés et selon leur impact potentiel ils sont "priorisés".

7.4.3 SG3 Réduction des risques

Les risques sont traités pour en limiter l'impact dans le projet.

- **SP3.1 Développer des plans de réduction des risques**

  Des plans formels doivent décrire les méthodes de traitement des risques potentiels mais aussi avérés.

- **SP3.2 Implémenter les plans de réduction des risques**

Chaque risque potentiel et/ou avéré est traité conformément à la stratégie, aux plans de réduction des risques, etc.

Les résultats de ces activités sont enregistrés pour apporter des preuves ultérieurement de la mise en œuvre et de l'efficacité des pratiques de gestion des risques.

7.5 Gestion de projet intégrée (IPM)

7.5.1 SG1 Utiliser un projet ajusté

Le chef de projet doit utiliser les processus standards définis par l'organisation. En revanche, les processus doivent être adaptés spécifiquement au projet en cours, il s'agit de customiser les processus à des besoins particuliers.

- **SP1.1 Établir un projet ajusté**

  Le projet ajusté est créé, et les modifications et ajouts apportés doivent être formalisés et justifiés.

- **SP1.2 Utiliser les actifs de processus pour planifier les activités de projet**

  Un des objectifs de la méthodologie CMMI est de pouvoir « benchmarker » les activités grâce notamment aux indicateurs/mesures.

  A ce titre si vous souhaitez pouvoir évaluer l'efficacité d'un projet par rapport à un projet antérieur cette pratique invite l'utilisateur à se servir des pratiques standards ou processus organisationnels standards afin de pouvoir in finé mesurer les écarts d'efficacité voir d'efficience entre "1" ou "n" projets.

- **SP1.3 Établir l'environnement de travail**

  L'environnement standard de travail dans lequel s'exécute le projet doit être aménagé. Les spécificités du projet adossées aux pratiques ou processus spécifiques doivent être reflétées dans cet environnement "nouveau".

- **SP1.4 Intégrer les plans**

  Le plan de projet doit intégrer l'ensemble des plans évoqués dans les pratiques spécifiques antérieures (formation, assurance qualité, etc.)

- **SP1.5 Gérer les projets en utilisant les plans intégrés**

  Les plans évoqués ci-dessus doivent être utilisés et intégrés au plan de projet.

- **SP1.6 Contribuer aux actifs de processus organisationnels**

  A ce stade du projet il faut d'une façon communautaire faire bénéficier la communauté de son retour sur expérience. A cet effet le chef de projet doit remonter aux équipes et partager les résultats de son projet, au travers notamment d'un intranet ou d'une Gestion Électronique Documentaire.

7.5.2 SG2 Coordonner et collaborer avec les parties prenantes

Comme évoqué en PMC ou PP cette pratique sous-tend l'activité du chef de projet qui doit coordonner l'intervention des parties prenantes par rapport à son plan de projet. Étant donné que le niveau 3 a pour objectif de "faire mieux" cette pratique induit une revue de ces pratiques et un ajustement de la coordination.

- **SP2.1 Gérer l'implication des parties prenantes**

    cf. SG2

- **SP2.2 Gérer les dépendances**

    Cette pratique a pour objectif de gérer le chemin critique au travers des dépendances entre les composants de projet. A ce titre le chef de projet doit faire un focus particulier sur ce chemin critique et identifier les écarts, par exemple de planification, de réalisation ou de coordination.

- **SP2.3 Résoudre les erreurs de coordination**

    Dans l'hypothèse ou malgré toutes les précautions prises lors du déploiement de bonnes pratiques des erreurs ou écarts survenaient, cette pratique spécifique invite l'utilisateur à les identifier, les tracer et surtout les résoudre.

7.6 Gestion de projet Quantitative (QPM)

7.6.1 SG1 Gérer le projet quantitativement

Le projet défini à partir du "package" de processus standards doit être ajusté. A cet effet le chef de projet fixe des objectifs quantitatifs au projet, bien entendu les objectifs doivent être indexés aux données statistiques stockées dans les bases de mesures et faisant foi.

- **SP1.1 Établir les objectifs du projet**

Comme vu en SG1, il ne s'agit pas ici de réinventer la roue, je rappelle que le niveau "3" nous invite à capitaliser, mais plutôt d'appliquer les "recettes" existantes. En l'espèce il s'agit des indicateurs passés.

- **SP1.2 Composer le processus ajusté**

Le processus ajusté est composé. Il est important à cet égard de non seulement justifié à posteriori de l'efficacité de la qualité des processus standards, mais aussi des ajustements spécifiques.

- **SP1.3 Sélectionner les processus qui seront statistiquement analysés**

Encore une fois si l'objet de cette pratique spécifique est de mesurer statistiquement l'efficacité des processus, il va de soi que tous ne seront pas gérés de cette manière. Cela revient donc à définir les listes des sous-processus éligibles, et qui seront in fine gérés statistiquement.

- **SP1.4 Gérer la performance du projet**

Les pratiques de SP1.4 apportent une gestion très précise des écarts, en ce sens qu'elle nous invite à surveiller activement les objectifs donnés au projet. Données telles que la Qualité, les délais et les coûts mais aussi en l'espèce les données statistiques ainsi que les données qualitatives des objectifs fixés en QPM.

7.6.2 SG2 Gérer la performance des sous-processus

Nous venons de définir le contexte de gestion quantitative du projet, à présent mettons en œuvre l'approche statistique.

- **SP2.1 Sélectionner les techniques d'analyse et de mesure**

Afin de gérer statistiquement et ultérieurement les projets il faut à présent identifier non seulement comment seront analysés, avec quelles méthodes, les résultats.

Par ailleurs il est nécessaire de définir comment selon quelles techniques les mesures seront réalisées.

- **SP2.2 Appliquer des méthodes statistiques pour comprendre les variations**

Il faut développer des méthodes qui permettent d'identifier les causes des variations après qu'une activité ait été réalisée pour en déterminer l'efficacité.

- **SP2.3 Surveiller la performance des sous-processus sélectionnés**

Le tableau de bord de pilotage est l'outil de surveillance des objectifs fixés au projet, à ce titre au travers des jalons disséminés dans le projet le chef de projet doit être capable non seulement d'identifier la source des dysfonctionnements, leurs causes ainsi que de proposer des actions correctives visant à rectifier la situation actuelle.

- **SP2.4 Enregistrer les données statistiques**

C'est une fois encore la conclusion d'un chapitre. N'oubliez pas que ces données au-delà d'être utile à votre organisation pour "capitaliser" peuvent aussi servir dans le cadre d'un audit interne, ou réalisé par une tierce partie.

8 -Description du déroulement d'une démarche d'amélioration CMMI

Pour mettre en place une démarche d'amélioration basée sur le modèle CMMI, un projet dédié est créé et constitué :

- De membres de l'organisation qui sera évaluée

- De membres de sociétés externes

Le projet doit choisir la société externe, certifiée par le SEI, qui conduira l'évaluation.

Le projet se déroule en plusieurs phases :

I. Initialisation : Evaluation initiale dans laquelle le niveau de maturité de l'organisation est défini, qui débouche sur l'établissement d'un plan d'actions

II. Définition : organisation de workshops constitués de membres d'équipe projets de l'organisation afin d'implémenter les pratiques déclinées pour les projets (en tenant compte du contexte et de l'existant)

III. Accompagnement : Les pratiques définies dans les workshops sont déployées dans les projets au travers de sessions de formation et de « coaching ».

IV. Evaluation « à blanc » : Ce sont des évaluations non officielles (exemple : mini-check, GO/NOGO) qui permettent de donner un état des lieux des pratiques. Elles donnent lieu à l'établissement d'un plan d'action, et donnent une idée de la date d'évaluation officielle.

V. Evaluation officielle :

Collecte de preuves par l'équipe d'évaluation au sein des projets de l'organisation :

- « Readiness review » : analyse des preuves collectées afin de déterminer les points forts et les points faibles de l'organisation
- Evaluation sur site : il s'agit essentiellement d'interviews
- Cotation et présentation des résultats, qui sont ensuite envoyés au SEI

L'évaluation est conduite par un « Lead Appraiser », certifié par le SEI, selon une méthode d'évaluation également définie par le SEI, la méthode SCAMPI.

Il existe 3 méthodes d'évaluation SCAMPI définies par le SEI : méthodes A, B et C. La méthode A est la plus rigoureuse, et c'est la seule qui autorise une cotation de niveau.

L'équipe d'évaluation est constituée de membres de la société évaluatrice, et également de membres de l'organisation évaluée, afin de mieux comprendre le contexte de l'organisation et des projets, ainsi que l'implémentation des pratiques.

Le niveau est atteint après vérification par le « Lead Appraiser » de la mise en œuvre opérationnelle des pratiques correspondantes sur les projets.

Les résultats de l'évaluation correspondent à l'état courant des pratiques au sein de l'organisation au moment de l'évaluation. Ils ne sont pas valables pour une période donnée, comme c'est le cas pour une certification.

Le modèle CMMI est longtemps demeuré l'apanage des entreprises du domaine industriel (armement, aviation, transport, télécommunication,...). Aujourd'hui, il s'étend largement au domaine bancaire, à celui des assurances, et plus généralement aux systèmes d'information.

9 SCAMPI pour CMMi

La méthode SCAMPI est utilisée pour évaluer les organisations qui utilisent CMMI, et le résultat d'une évaluation est un classement. Si la représentation continue est utilisée pour une évaluation, le classement est un profil d'aptitude. Si la représentation étagée est utilisée pour une évaluation, le classement est un niveau de maturité.

Voici un rapide historique de la méthode d'évaluation, calé sur les évolutions du CMM :

- 1985-86 SPA – « Software Process Assessment »; balbutiement d'une méthode d'évaluation objective; il s'agit de faire le portrait du fonctionnement d'un périmètre pour pouvoir le comparer aux pratiques correspondantes du modèle,

- 1993 CBA-IPI - « CMM Base Appraisal for internal Process Improvment » et, associé à cette méthode, le SCE - « Software Capability Evaluation », qui est la partie audit de CMM,
- Avec le CMMI est arrivé le SCAMPI - « Standard CMMI Appraisal Method for Process Improvment » : la révolution vient du fait qu'il n'y a plus de découverte du fonctionnement de l'organisation par interviews, contrairement à ce qui se pratiquait dans les méthodes précédentes.
- SCAMPI est une méthode de vérification, on commence à identifier la base de preuves objectives qui correspond à tous les produits de sortie, dans tous les projets, pour chacune des pratiques du modèle et on complète par des interviews pour obtenir une couverture à 100% de l'évaluation.

Cette méthode existe en version 1.2 depuis le début de l'année. Elle a suivi l'évolution entre CMMI 1.1 et 1.2. On voit apparaître dans SCAMPI V1.2, les éléments suivants :

- La limite de validité d'un niveau est passée aujourd'hui à 3 ans ; auparavant, il n'y avait pas de limite. On pouvait garder le niveau 2 pendant 10 ans. Il ne serait pas étonnant qu'à l'avenir il faille un audit de suivi tous les ans (comme dans ISO 9001);
- Si on utilise le résultat du SCAMPI dans le domaine public, par exemple le niveau obtenu par l'évaluation, l'exigence est que l'évaluateur soit externe au périmètre évalué, alors qu'auparavant on pouvait s'auto-évaluer et proclamer les résultats ;
- Il y a eu des précisions dans la méthode sur la façon de caractériser, de coter : par exemple au niveau 2, on a 16

domaines de processus, mais derrière il y a 125 pratiques qui sont des points sur lesquels on va chercher la documentation dans les projets; on prend un échantillon du projet représentatif du périmètre objet de l'évaluation, en général 4. On a une base de preuve que l'on reporte dans un tableau de 125 lignes x 4 colonnes et, pour chaque cellule du tableau, on attribue une note FILIPINI : « Full, Largely, Partielly, or Not Implemented » (implémenté, complètement, largement, partiellement ou pas implémenté) ; la note se construit sur cette base-là jusqu'au niveau de maturité final.

Ce qu'il y a derrière ces changements, c'est la volonté de fiabiliser, de rendre reproductible l'obtention du résultat d'un niveau de maturité. Mais ce qui n'a pas changé c'est que l'obtention du niveau de maturité dans la méthode d'évaluation reste une option. La méthode d'évaluation est là pour établir un portrait « forces et faiblesses », son objectif c'est d'alimenter le cycle d'amélioration qui va venir. Mais, en pratique, tout le monde veut connaître le niveau de maturité.

Le principe, c'est que si on a un niveau de maturité, il ne peut être donné que par l'application de la méthode d'évaluation SCAMPI de classe «A».

L'évaluateur principal doit être partenaire du SEI, il doit avoir la licence de distribution des produits CMMI, les évaluateurs doivent avoir un agrément individuel. Il est difficile d'obtenir l'agrément. Il n'y a qu'une quinzaine de personnes en France qui l'ont.

C'est un processus qui coûte 80 000 $, qui peut prendre un délai de 3 ans, à cause des contrôles que cela implique. Une des obligations définies dans le SCAMPI est de retourner les résultats au SEI : le plan d'évaluation (un plan type est présenté dans la méthode), le résultat, des éléments administratifs. Le SEI fait des contrôles systématiques de présence des éléments. Ils ont une politique d'assurance qualité qui vient d'évoluer. Jusqu'à présent, ils contrôlaient 25 à 30% pour toute évaluation qui donnait un résultat 4 ou 5. Ils vont porter ce taux à 100%. Ils ont fait évoluer leur équipe qualité d'une personne à temps partiel à 4 ou 5 personnes à temps plein.

À la suite de ces changements, l'an dernier des partenaires du SEI et des évaluateurs ont perdu leurs habilitations. Il n'y a pas de certificat officiel. L'évaluateur principal peut fournir une attestation sur un périmètre donné mentionnant le niveau atteint. Le certificat sera peut-être une évolution des prochaines versions.

Dans le SCAMPI, on a obligation d'enregistrer les résultats auprès du SEI. Ce que l'on obtient en retour, c'est un ensemble d'informations sur les résultats de l'évaluation (disponibles sur le site du SEI), un ensemble de statistiques sur les résultats, 2000 résultats d'évaluation réalisés dans le monde et combien il y a de niveau 2, de niveau 3, quel secteur d'activité, quelle taille d'entreprise, combien par pays.

On voit que le premier évaluateur ce sont les États- Unis. Au département de la défense c'est une obligation. Si l'on veut être fournisseur du département de la défense, on doit démontrer officiellement un niveau de maturité.

3 types d'évaluation SCAMPI existent :

> I.   SCAMPI C : L'évaluation SCAMPI C est généralement utilisée pour évaluer la maturité des processus avant

d'initialiser une démarche CMMi. Elle fournit une appréciation du niveau de maturité.

II. SCAMPI B est plus poussée. Elle est quant à elle utilisée dans une logique de déploiement du référentiel et fournit de précieuse indication à l'organisme sur ses forces et faiblesses, ainsi que sur les actions à mener pour par exemple atteindre un niveau de Maturité ou de Capacité.

III. SCAMPI A est utilisée pour valider (certifier) la mise en œuvre de pratique d'un niveau de Maturité ou de Capacité donné.

9.1 SCAMPI Class C

L'évaluation initiale SCAMPI Class C mesure l'adéquation des pratiques déployées au regard des exigences du modèle CMMI. Les objectifs d'évaluation Class C :

- S'assurer de la compréhension des exigences CMMi ;
- S'assurer de la bonne interprétation du modèle et des pratiques mises en place ;
- Fournir une évaluation de la maturité des domaines de processus déployés ;
- Identifier les forces et les faiblesses ;
- Aider l'organisme à "prioriser" ses objectifs au regard des faiblesses identifiées ;
- Fournir des pistes d'amélioration à l'organisme ;

9.2 SCAMPI Class B

L'évaluation SCAMPI Class B permet quant à elle d'examiner si les pratiques des domaines sont implémentées. Elle permet de :

- Examiner l'adéquation entre l'approche sélectionnée et le contexte de l'entreprise ;
- Comprendre les différentes approches de mise en œuvre du référentiel;
- Impliquer les équipes dans le projet d'entreprise ;
- Mettre en évidence ce qui fonctionne et ce qui doit être amélioré ;
- Identifier les éléments d'entrées/sortie de chacun des processus existants ;
- S'assurer de l'alignement des objectifs du projet sur la stratégie d'entreprise ;
- S'assurer que l'organisme est préparé à l'évaluation de Class A.

9.3 SCAMPI Class A

L'évaluation SCAMPI de Classe A est l'étape nécessaire pour les entreprises désirant valider' leur niveau de maturité CMMI.

Une évaluation de ce niveau (class A) nécessite une longue préparation et représente un cout certain pour l'organisme, c'est pourquoi il est vivement recommandé de passer par des évaluations préalable en class C et B.

10 Risques et Bénéfices du modèle CMMI

La mise en place d'une démarche de rationalisation s'appuyant sur CMMI (ou sur tout autre modèle) n'est pas sans présenter des risques. Le risque le plus important est commun à toute tentative pour faire évoluer les choses: la résistance au changement. Afin de minimiser ce risque, il faut s'assurer d'une part du soutien inconditionnel de la direction (ce qui n'est pas forcément gagné d'avance, bien que la décision provienne en général de cette même direction); et d'autre part de l'adhésion et de la participation d'un maximum de collaborateurs au processus d'amélioration, ce qui ne pourra se faire que si la sensibilisation a été convaincante.

Un autre risque identifié provient de la relative complexité du modèle, qui nécessite une adaptation aux besoins et aux objectifs réels de l'organisation. Vouloir trop en faire d'un coup risque de se transformer en une tâche insurmontable, et par là de condamner définitivement tout effort ultérieur en ce sens. Il faut savoir rester modeste dans ses ambitions, procéder par petites couches successives en réitérant le processus plusieurs fois.

Enfin, il ne faut pas perdre de vue que CMMI ne constitue pas une méthodologie, mais un modèle: il décrit ce qu'il faut réaliser, mais il ne dit pas explicitement comment le réaliser. Il ne faut donc pas croire que CMMI soit une solution miracle qui résoudra tous vos problèmes: c'est à chaque organisation de définir les méthodes et outils à mettre en place de façon à satisfaire les critères.

Ces risques étant identifiés, les bénéfices procurés par la mise en place d'une démarche d'amélioration des processus sont indéniables. C'est tout d'abord l'occasion de se demander, pour chaque pratique en vigueur dans l'organisation, si elle est justifiée et optimale. Le seul fait de remettre à plat tout le processus de développement nécessite un formalisme et une rigueur qui doivent permettre d'en avoir une meilleure vision.

Ensuite, la mise en adéquation de ce processus avec les pratiques clés de CMMI doit aboutir à une maîtrise accrue des coûts, des délais et de la qualité des produits. Cela dépend bien sûr en grande partie du sérieux avec lequel les nouvelles méthodes seront appliquées, et donc de l'implication du personnel à tous les échelons de la hiérarchie – mais nous avons déjà évoqué ce point plus haut.

En définitive, cette rationalisation du processus de développement doit se traduire par une plus grande confiance de la part des clients, qui seront sensibles à la diminution des risques qu'ils encourent. Un des volets importants de la démarche concerne donc la communication; communication en interne, on l'a vu, mais aussi avec l'extérieur, afin de mettre en avant ce nouvel atout de l'organisation.

Les bénéfices de la mise en place d'un modèle comme CMMI dans une organisation sont très rapidement visibles. Nous observons :

- Moins de « re-work » car les processus sont standardisés et rationalisés
- Des bugs détectés plus tôt dans le cycle de vie du projet, et donc un gain de coût
- Des risques anticipés, et donc des problèmes évités
- Des succès répétés

- Une amélioration de la productivité
- Un produit de meilleure qualité
- Des clients plus satisfaits
- Rationalisation des coûts

Quelques chiffres

- **Impact sur les coûts**

33 % de réduction pour réparer une erreur	Boeing, Australia	CMMI
20 % de réduction par unité de logiciel	Lockheed Martin M&DS	CMMI
15 % de réduction pour trouver et réparer une erreur	Lockheed Martin M&DS	CMMI

- **Impact sur les délais**

Augmentation approximative de 50 % à 95 % de respect des jalons	General Motors	CMMI
Diminution de 50 à moins de 10 des jours de retard	General Motors	CMMI
30 % d'augmentation de productivité en logiciel	Lockheed Martin	CMMI

- **Impact sur la qualité**

Seulement 2 % de tous les défauts trouvés dans les systèmes livrés	Northrop Grumman IT1	CMMI
Focalisation accrue sur la qualité par les développeurs	Northrop Grumman IT2	CMMI
Réduction en nombre et sévérité des défauts post-livraison	JP Morgan Chase	CMMI
Plus de 2 millions $US d'économie résultant d'une détection et d'une correction hâtive des défauts	Sanchez Computers Associates, Inc.	CMMI
Amélioration de la qualité du code	Sanchez Computers Associates, Inc.	CMMI

11 CMMI faces aux autres modèles

Dépendances entre le CMMI et les autres normes et modèles

- Liens étroits entre les modèles du SEI et ceux de ISO.
- Des modèles souvent complémentaires
- Les modèles à « la mode » : ITIL, PMPBOK, COBIT ...

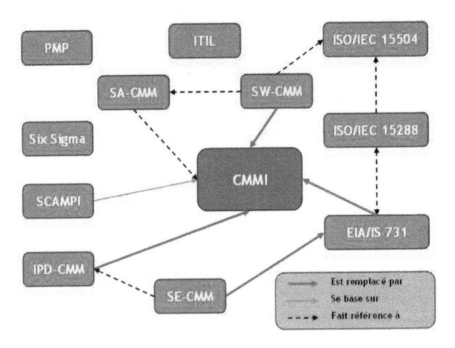

11.1 ISO

La norme ISO est mondialement connue depuis sa première version parue en 1987, révisée en 1994 puis en 2000. Elle est unanimement reconnue, et a introduit et généralisé le concept de processus pour organiser les diverses activités. Celles-ci s'enchaînent logiquement pour constituer un processus. Elles sont clairement définies dans des procédures et leur efficacité.

L'ISO 9001 version 20006 encourage cette approche pour mieux maîtriser les activités et leur performance (cf. 0.2 Approche processus). Cette norme considère que les résultats escomptés sont atteints de façon plus efficiente lorsque les activités et les ressources sont gérées comme un processus. Un minimum de procédures doit être rédigé et mis en œuvre pour répondre à cette norme. Les entreprises sont régulièrement auditées pour obtenir et maintenir leur certification.

Une grosse différence entre les versions 1994 et 2000 réside dans l'évaluation du leadership, qui n'existait pas en 1994. Il suffisait alors d'établir des procédures et de montrer qu'elles étaient appliquées par les équipes. On résumait souvent l'ISO version 1994 à « Écrivez ce que vous faites, et faites ce que vous avez écrit ». Je rajouterai ironiquement : si les procédures étaient mauvaises, tant pis ! En 2000, ce risque a été corrigé en réduisant le nombre de procédures exigées, et surtout, en se focalisant davantage sur le fond du problème, en demandant d'évaluer leur efficacité et en insistant sur l'amélioration continue.

L'engagement du management étant déterminant, la nouvelle norme, sitôt les généralités énoncées, commence la description des exigences par les responsabilités de la Direction. Le leadership consiste, pour les dirigeants, à établir la finalité et les orientations de l'entreprise, et de créer un contexte dans lequel les personnes peuvent s'impliquer pleinement pour l'atteinte des objectifs de l'entreprise.

En exagérant, on pourrait résumer la norme ISO 9001 version 2000 aux deux exigences générales suivantes :

- Démontrer que toutes les activités de l'entreprise sont orientées vers la satisfaction du client.
- Démontrer que ces activités sont efficaces et efficientes7.

On a ici toute la quintessence de l'amélioration de performance des entreprises. Certains ont peut-être raté leur passage à l'an 2000 !

Malheureusement certaines certifications ISO 9001 ne sont pas préparées avec sérieux, et on recherche uniquement le diplôme. Un arbre bien choisi cache parfois la forêt !

11.2 ITIL

ITIL est née dans les années 80 au Royaume-Uni. La SEI a publié un rapport d'interprétation des pratiques du CMMI pour les milieux d'opération. Un bon nombre d'entreprises s'intéressent aujourd'hui à une intégration conjointe du CMMI et d'ITIL.

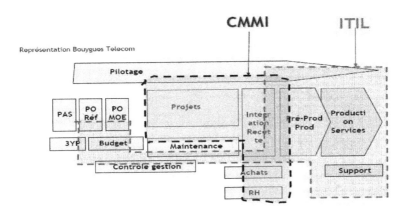

11.3 Six Sigma

Six Sigma est une méthodologie pour améliorer la qualité et l'efficacité des processus de production. Développée par Motorola, la marque a été déposée, puis popularisée par General Electric dans les années 1990. Six Sigma est de plus en plus utilisés sur tous les processus.

Six Sigma serait une philosophie, une métrique et un cadre d'amélioration. Sa philosophie est d'améliorer la satisfaction des clients en réduisant les défauts des produits, ce qui devrait également augmenter les bénéfices de l'entreprise.

La métrique est le nombre de défauts par million de pièces produites. Avec une gaussienne (loi normale de distribution) pour performance théorique du processus de fabrication, un écart à 6 sigma (6 fois l'écart type) donne une probabilité de moins de 34 pièces défectueuses pour dix millions de pièces produites. D'où le nom de Six Sigma.

Les entreprises adoptant cette démarche de progrès sont évaluées de 1 à 6 sigma. À 1 sigma, l'entreprise manque plus d'une fois sur deux ses objectifs, ou jette la moitié de sa fabrication à la poubelle. En gravissant les niveaux, les choses s'améliorent. À 4 sigma, un standard téléphonique est en panne moins de 7 heures par mois. Etc.

Le principe de la méthode est analogue au cercle vertueux de Deming (PDCA), mais est baptisé DMAIC pour *Define, Measure, Analysis, Improve and Control*. À chaque étape, plusieurs outils sont proposés.

La société Lockheed Martin ainsi que d'autres utilisent Lean et Six Sigma pour maintenir leur évaluation CMMI® au niveau 5. Monsieur Lynn Penn, Directeur Qualité, écrivait dans une présentation en mars 2005 que la méthodologie Lean était utilisée pour permettre de travailler tous ensemble à des améliorations continues sans effectuer de gros investissements. Sur Six Sigma, il disait que c'était plus qu'un outil d'analyse statistique, mais une boîte à outils méthodologique alignée sur l'amélioration des processus de l'entreprise.

La combinaison avec Lean montre un flux de valeur plus visible. Six Sigma fonctionne très bien lorsque la part de machines de production est importante. Les techniques statistiques sont assez simples et donnent d'excellents résultats. Lorsque la part humaine devient importante, les limites se font vite sentir.

Note : les équipements en aviation civile ne peuvent être certifiés qu'à 7 sigma, c'est-à-dire une probabilité de défaillance inférieure à 10-6, soit un pour un million. Aujourd'hui l'EASA exige 10-7 voire 10-8 pour certifier un équipement, ce qui est plutôt rassurant pour tous ceux qui prennent l'avion.

11.4 PMP

Le PMBOK, actuellement dans sa 4ème version, est le référentiel de bonnes pratiques en management de projet développé par le PMI depuis 2000. Similitudes : nombreux domaines de processus de la gestion de projet sont abordés dans les deux modèles. Exemple : Gestion des exigences, Plan du projet, Gestion des risques...

11.5 IPPD

L'IPPD10 signifie *Integrated Product and Process Development,* ou Développement Intégré des Produits et des Processus. C'est une technique de management qui intègre toutes les activités de la chaîne fournisseur avec des équipes pluridisciplinaires afin d'optimiser la conception, la fabrication et le soutien en termes de coût et de performance. Adossée au concept d'équipes intégrées, cette technique est recommandée par le DoD américain avec une application la plus large possible. Ses principes sont :

- Focalisation sur le besoin du client,

- Développement en parallèle du produit et du processus afin que ce dernier soit le plus adapté,

- planification précoce et continue du cycle de vie pour une meilleure réactivité aux problèmes de ressources ou aux changements d'exigences,

- flexibilité pour une optimisation des approches des contractants avec des acquisitions orientées performance et non plus processus.

L'IPPD intègre *a priori* tous les intervenants de la chaîne d'acquisition y compris le client, les utilisateurs, les services financiers, etc. Charité bien ordonnée commençant par soi-même, on devrait déjà appliquer ces principes à l'intérieur de l'entreprise puisque c'est d'abord à ce niveau que l'on cherche à optimiser le coût et la performance des produits développés, et c'est à ce niveau que l'on obtiendra les meilleurs résultats.

11.6 People CMM

People CMM11 devrait devenir une des étoiles de la constellation CMMI®.

C'est un modèle de maturité analogue au CMMI®, pour la gestion des compétences dans l'entreprise. L'idée est que les entreprises sont dorénavant concurrentes sur deux marchés distincts, celui des produits et celui des talents pour les réaliser. La réussite d'une entreprise sur le premier marché est conditionnée par sa réussite sur le second.

Depuis plus d'un demi-siècle, certaines personnes craignent que la technologie réduise le besoin en personnel et soit une cause de chômage. Or l'inverse s'est produit, il n'y a jamais eu autant d'employés et les entreprises recherchent des personnes de plus en plus compétentes. Il n'y a pas de raison que cela s'arrête. L'appétit de nouveauté nourri par la créativité est sans limite. Les entreprises rechercheront donc de plus en plus de compétences.

Ainsi ce modèle de maturité définit les pratiques pour attirer, développer et retenir les compétences dans une entreprise. Ces pratiques préconisent :

- une relative sécurité de l'emploi,

- l'embauche sélective de nouveaux personnels,

- des équipes auto gérées et une décentralisation de la prise de décision,

- un fort intéressement à la performance de l'entreprise,

- une formation importante,

- des niveaux hiérarchiques réduits,

- une large transparence sur les données financières.

Sans développer ce modèle qui est décrit en plus de 700 pages, People CMM présente un lien très fort avec le CMMI®, comme avec les démarches Lean et autres, parce qu'ils soulignent tous la clé du succès par la motivation des équipes.

Cette motivation passe par une rémunération ajustée avec équité, pour assurer qu'elle produit une base crédible pour motiver les équipes sur la performance et la croissance de l'entreprise.

Ce document du SEI met en garde contre certaines dérives que l'on détaillera au chapitre suivant, notamment la fièvre des niveaux. Le plus grand danger dans l'utilisation des modèles de maturité est que certaines entreprises succombent à cette fièvre où l'atteinte d'un niveau devient plus importante que les profits obtenus par l'amélioration des pratiques de l'entreprise. La préparation à l'évaluation formelle devient alors plus importante que de s'assurer que les pratiques réellement mises en œuvre produisent des résultats utiles avec de la valeur ajoutée. Ainsi, si la motivation à gravir les niveaux est plus forte que celle de l'amélioration tangible de la performance de l'entreprise, on risque d'imposer une mise en œuvre scrupuleuse des pratiques du CMMI®, et l'entreprise n'ajoute que de la bureaucratie qui finira par la faire sombrer. C'est-à-dire qu'elle obtiendra exactement le contraire de ce qu'elle cherchait. Je recommanderai donc de ne jamais fixer d'objectifs de niveau de maturité, mais des objectifs mesurables de résultats pour l'entreprise.

12 Conclusion

12.1 Principaux apports de CMMI

CMMI encourage l'entreprise à capitaliser, d'un projet à l'autre, les enseignements de l'expérience : « règles de pouce », documents types, évaluations quantitatives. C'est là sans doute son apport le plus précieux, le responsable d'un projet nouveau pourra trouver dans une base documentaire un ensemble d'outils et de références qui lui éviteront d'avoir à réinventer la roue.

Associé à SCAMPI, CMMI fournit une référence qui permet à chaque entreprise d'évaluer sa maturité en conduite de projet et de la faire progresser.

CMMI définit, sous le nom de « processus », les diverses responsabilités qui interviennent dans la réalisation d'un projet ainsi que leur articulation, il détaille selon une nomenclature arborescente le contenu de ces responsabilités en « pratiques » et « produits ». Cette énumération permet à ceux qui la consultent de ne rien oublier d'important. Les auteurs précisent qu'elle n'est qu'indicative : on peut, si l'on a de bonnes raisons pour cela, décider de ne pas mettre en œuvre tout ou partie de certains processus.

Toutefois CMMI n'évoque pas les « règles de pouce » de bon sens qui permettraient de faire ce choix.

12.2 Limites de CMMI

Rappelons que CMMI n'est pas une méthode de conduite de projet : c'est une méthode de qualification de l'entreprise en conduite de projet.

Les définitions qu'il fournit comportent parfois des incohérences. Ainsi, le cycle de vie d'un produit est défini d'abord, de façon correcte (p. 30), comme « une période de temps qui commence quand le produit est conçu et s'achève quand il n'est plus utilisable ». Mais le paragraphe suivant précise les phases du cycle de vie : « (1) conception, (2) étude de faisabilité, (3) développement, (4) production, (5) phase finale » : cela correspond au cycle de vie d'un bien industriel vu par l'entreprise qui le produit, mais non à celui d'un service ni d'un logiciel car il manque dans cette liste la phase d'utilisation – souvent la plus longue, et qui demande elle aussi du travail.

C'est que CMMI est destiné aux directions des études et aux SSII, et non aux maîtrises d'œuvre et maîtrises d'ouvrage même si celles-ci ont intérêt à le connaître pour évaluer leurs fournisseurs. CMMI ne considère pas la mise en place des référentiels, l'arbitrage entre les divers projets, la façon dont les métiers définissent leurs processus de production et les outils d'aide aux utilisateurs, l'alignement des dépenses avec les priorités des métiers, ni la traduction d'un problème technique en impacts pour la production ou les clients.

CMMI ne regarde ni vers l'amont, ni vers l'aval du projet. Il ne parle ni d'urbanisme du système d'information, ni de modélisation des processus de production de l'entreprise (il donne au mot « processus » un tout autre sens), ni d'animation du bon usage : il suppose donc tout cela fait par ailleurs, et bien fait.

CMMI décrit les processus qu'il est opportun de maîtriser pour conduire un projet, mais ne dit rien des pièges que ces processus permettent d'éviter. Or comme certains pièges sont plus dangereux que d'autres, les divers processus n'ont pas une importance égale : la présentation de CMMI manque de relief à cet égard.

CMMI ne fournit pas d'exemples de document bien rédigé, de processus bien mis en œuvre : il dit seulement « il faut écrire tel document », « il faut mettre en œuvre tel processus». Or il existe par exemple une grande différence entre un document bien rédigé (clair, lisible) et un document incompréhensible. Il ne suffit donc pas d'avoir défini le thème d'un document, il faut encore lui associer des critères de qualité et savoir les appliquer : CMMI ne fournit pas de tels critères.

12.3 Précautions à prendre

Il ne convient pas de prendre CMMI au pied de la lettre, c'est d'ailleurs ce que disent ses auteurs eux-mêmes.

Il serait en effet peu raisonnable pour une entreprise d'attendre des mois ou années avant d'introduire des indicateurs quantitatifs dans la gestion de projet, et certains des processus qui relèvent des niveaux 3 ou 4 sont donc de ceux que l'entreprise doit maîtriser en tout premier, notamment la qualité de l'expression de besoins et le suivi quantitatif de la réalisation. Il faudra en fait les mettre en œuvre dès le début, donc sans respecter exactement l'ordre prescrit par CMMI.

Les niveaux les plus substantiels de CMMI sont les niveaux 2 et 3, qui font le plus souvent l'objet d'une certification et contiennent le plus grand nombre de processus.

Les niveaux 4 et 5 relèvent, pour l'essentiel, d'un perfectionnement que l'on peut juger superflu et qui est peut-être impossible : les projets que réalise une entreprise ne sont pas nombreux au point que l'on puisse fonder sur eux une statistique représentative, encore moins une analyse causale en bonne et due forme.

Enfin, l'entreprise qui adhère à CMMI risque peut-être de négliger ce que CMMI ignore, ou suppose déjà fait et bien fait : la gestion du portefeuille de projets, la sobriété des exigences, l'observation et l'animation de l'usage des produits. Si elle se focalise sur sa maîtrise de la « gestion de projet », seule chose que CMMI considère, et non sur la qualité de son SI, elle risque de lancer de nombreux projets sans percevoir que la pluie de nouveautés qui en résulte peut déstabiliser ses agents opérationnels et son organisation.

www.ingramcontent.com/pod-product-compliance
Lightning Source LLC
LaVergne TN
LVHW042349060326
832902LV00006B/487